El llamado a la
SANTIDAD

El llamado a la
SANTIDAD

Siguiendo el corazón de Dios por el amor del mundo

TIMOTHY C. TENNENT

Imprimido en los Estados Unidos de Norteamérica

Hardcover ISBN: 978-1-62824-163-1
Paperback ISBN: 978-1-62824-164-8
Mobi ISBN: 978-1-62824-165-5
ePub ISBN: 978-1-62824-166-2
uPDF ISBN: 978-1-62824-167-9
Spanish ISBN: 978-1-62824-190-7

Diseño de portada por Nikabrik
Diseño de página por PerfecType

SEEDBED PUBLISHING
Franklin, Tennessee
Seedbed.com
SEMBRANDO PARA EL GRAN DESPERTAR

Para Bill y Carol Latimer,
por todas las formas en que han
demostrado el amor y la santidad de
Cristo en la extensión del ministerio
del Seminario Teológico Asbury

Contenido

El llamado a la
SANTIDAD

UNO

La santidad y los atributos de Dios

Introducción

Este pequeño libro consta de una serie de reflexiones sobre la doctrina de la santidad. La santidad es fundamental para la comprensión cristiana del evangelio, porque el evangelio no comienza con nosotros o con nuestra respuesta a Dios. Comienza con Dios mismo, que se ha revelado como un Dios santo. Una de las frases más repetidas en el Antiguo Testamento que describe la naturaleza de Dios es su declaración, "Yo soy santo". La misma declaración se encuentra en el Nuevo Testamento: "Más bien, sean ustedes santos en todo lo que hagan, como también es santo quien los llamó; pues escrito está: 'Sean santos, porque yo soy santo'" (1 Pedro 1:15-16). Somos llamados a ser santos, porque Él es santo.

Estar en relación con Dios significa ser traídos a la casa de la santidad. La palabra *santidad* viene de una palabra hebrea, *kadash*, que significa "separar" o "poner aparte" o "distinguir". Es, por lo tanto, una palabra acerca de la posición de Dios en relación con nosotros y con un mundo que se constituye en el hogar del pecado. Sin embargo, antes de que podamos empezar a explorar la doctrina bíblica de la santidad, debemos primero entender la naturaleza de todos los atributos de Dios y la manera en que se ha distorsionado nuestra perspectiva contemporánea sobre la santidad.

La naturaleza de Dios

Si se le pidiera escribir una lista de los atributos de Dios, ¿cómo sería esa lista? Si usted es como la mayoría de las personas, anotaría adjetivos como *omnipotente, poderoso, amoroso, lleno de gracia, misericordioso, omnisciente, justo, soberano,* y títulos como *Creador, Juez, Señor, Rey, Padre Celestial,* y así sucesivamente. Si tuviera tiempo para pensar realmente en ello, podría incluir atributos como *omnipresente* (presente en todas partes), *eterno, infinito,* y así sucesivamente. También puede incluir la palabra *santo* en la lista. Si pasamos suficiente tiempo y pensamos en la lista, estoy seguro de que podría ser muy larga, por cierto. Eventualmente, empezaríamos a incluir cosas como *auto-existente, increado, inmutable* (invariable) e *inmanente* (presente con nosotros en este momento).

Incluso si nunca hemos tenido tiempo para sentarnos y hacer una lista como esta, todos tenemos algún tipo de lista en nuestras mentes, ¿no? Tenemos un cierto sentido interno de lo que Dios debe ser y ciertas acciones que estamos bastante seguros de que Dios debe hacer o, tal vez, nunca haría.

Quiero dedicar esta primera meditación a los dos problemas principales que tenemos cuando pensamos en dicha lista, sea que la hayamos anotado o no. Luego, quiero proponer un enfoque alternativo que evita los dos problemas. Examinemos brevemente estos dos problemas.

Nuestra experiencia con los atributos

En primer lugar, cualesquiera que sean los atributos que hayamos adscrito a Dios, debemos darnos cuenta de que los hemos experimentado solamente de manera fragmentaria e imperfecta. En otras palabras, tenemos sólo una idea humana vaga de lo que es la misericordia o el amor o la santidad, pero en realidad nunca hemos experimentado ninguno de estos atributos en su forma perfecta. Por ejemplo, si alguien dice: "Dios es nuestro Padre celestial", podríamos pensar, naturalmente, en nuestros propios padres y esto podría hacer que algunas personas se pregunten si esta realmente es una buena descripción, especialmente si nuestros padres fueron distantes o indiferentes. Si sólo hemos conocido corrupción en los jueces humanos, entonces, esto podría realmente influir en la manera en que pensamos en Dios como Juez.

Otros atributos, como la omnipresencia o auto-existencia, pueden llegar a ser casi como ideas teóricas, ya que nunca hemos experimentado a alguien que esté presente en todas partes o que sea increado. Así que, justo en el umbral, ya estamos en dificultades si pensamos en los atributos de Dios sólo en términos de nuestra propia experiencia con ellos. Lo que nosotros podemos conocer tan solo parcialmente o, tal vez, sólo teóricamente, Dios lo encarna en plena perfección.

Poniendo los atributos de Dios en un jerarquía

El segundo problema que tenemos al pensar en los atributos de Dios, es que tendemos a colocarlos en una especie de jerarquía. En otras palabras, tendemos a ver algunos atributos como superiores a otros. Creemos que algunos atributos son mejores que otros. No es inusual, por ejemplo, escuchar a alguien decir que el Dios del Antiguo Testamento es un Dios de juicio, mientras que el Dios del Nuevo Testamento es un Dios de misericordia. Declaraciones como esta se utilizan a menudo para implicar que la gracia es un atributo más importante o un atributo más semejante a Dios que el juicio. En el Antiguo Testamento, Dios dice: "Yo soy santo", mientras que en el Nuevo Testamento, el apóstol Juan dice: "Dios es amor". Por lo tanto, razonamos, el amor de Dios debe ser mayor que la santidad de Dios. Terminamos en realidad enfrentando algunos de los atributos de Dios en contra de los demás y levantando uno contra el otro. Sin embargo, la idea de la clasificación de los atributos de Dios o el levantamiento del amor de Dios en contra de Su santidad, nos mete en muchas dificultades. Tenemos que poner ese enfoque a un lado y pensar de una manera diferente. No podemos recuperar una entendimiento adecuado de la santidad, a menos que lleguemos a verla dentro de la configuración adecuada de *todos* los atributos de Dios.

Una forma diferente de pensar en los atributos de Dios

Si regresamos a nuestra lista de los atributos de Dios, es obvio que algunos de ellos están claramente reflejados en nosotros solo en diminutas formas fragmentarias. Tomemos, por ejemplo, la eternidad de Dios. Realmente no sabemos lo que eso significa desde la experiencia humana. Podríamos pensar en alguien que ha vivido una vida muy larga, tal vez cien años y más. Podríamos pensar en una majestuosa montaña que se ha alzado sobre la civilización humana durante miles de años, pero nos damos cuenta que realmente no tenemos ningún punto de referencia humano adecuado para pensar en la eternidad. En realidad, deberíamos de tener esta perspectiva sobre todos los atributos de Dios. Simplemente, no hay punto de partida humano para comprender realmente la idea completa de cualquiera de los atributos de Dios como la misericordia, la gracia o el perdón. Esto también es cierto de la palabra *santidad*.

Una buena manera de empezar a pensar en los atributos de Dios correctamente, es suspender temporalmente todas nuestras ideas sobre las formas fragmentarias en que los percibimos. En su lugar, tenemos que empezar por hacer varios ajustes.

En primer lugar, debemos reconocer que todos los atributos de Dios siempre se encuentran en su plena perfección. En otras palabras, Dios encarna la misericordia de manera perfecta. Dios es el Juez perfecto. Dios es el Creador perfecto. Dios encarna el amor con perfección. Sólo Él encarna todos los atributos en toda su perfección y no hay ningún atributo que encuentre plena perfección en la experiencia humana. (Volveremos a esta idea más adelante cuando consideremos la manera en que John Wesley describió la santidad como ser hechos "perfectos en el amor".)

En segundo lugar, debemos dejar de considerar algunos de los atributos de Dios de forma aislada de los otros atributos. Nuestra forma natural, predeterminada, de mirar a Dios y sus atributos, es imaginar una gran flor con muchos pétalos. Dios está en el centro y sus pétalos son sus atributos. Podríamos pensar en la gracia como un pétalo, el amor como otro pétalo, la santidad como otro pétalo, la justicia como otro pétalo, y así sucesivamente. Debemos borrar esta imagen de nuestro pensamiento. Los atributos de Dios están todos *unidos* en su persona y cada uno está conformado plena y completamente por los otros atributos.

En otras palabras, el amor de Dios es un amor santo. El juicio justo de Dios está total y completamente conformado por su misericordia. La trascendencia de Dios (su condición de ser totalmente otro) está totalmente conformada por su inmanencia (su cercanía). Cada atributo está totalmente conformado y moldeado por los otros, porque, al final, Dios no tiene atributos que son extensiones separadas de sí mismo, en la forma en que una flor tiene pétalos separados. Más bien, Dios es un todo unificado e integrado que, en su propia naturaleza y persona, encarna plenamente todos los atributos de forma simultánea en toda su perfección.

Con estos dos ajustes, vamos a hacer un progreso enorme en la forma en que hablamos acerca de Dios. Por ejemplo, no es raro escuchar conversaciones donde se discute el amor de Dios como si fuera una especie de vaga emoción que describe los sentimientos de Dios para con nosotros, o donde se utiliza como ventaja frente a otros atributos de Dios, sobre todo su santidad o sus acciones como juez justo. Sin embargo, las Escrituras presentan el amor de Dios como un compromiso de pacto para defender la justicia, y derrotar y silenciar toda rebelión. Es imposible, por ejemplo, que Dios ame a los pobres sin que también actúe en juicio contra aquellos que los oprimen. Tanto el amor de Dios como su juicio, se extienden en toda su perfección y ambos surgen del propio ser integral de Dios, en donde existen todos los atributos simultáneamente. Dios no es misericordioso con los oprimidos mediante la invocación de un sentimiento emotivo hacia ellos, sino que lo es, al derrocar al opresor y arreglar las cosas. La misericordia y el juicio de Dios están unidos en la naturaleza de Dios, y ambos se encuentran en plena perfección en el carácter de Dios. Es sólo cuando separamos los atributos entre sí e imponemos jerarquías de atributos, que caemos en varios errores.

Toda una gama de pensamiento erróneo muy extendido en la iglesia de hoy sería derribado, si esta comprensión más básica de los atributos de Dios se entendiera. Por ejemplo, ¿cuántas veces has oído a alguien decir en respuesta a un comentario acerca del juicio de Dios o su oposición al pecado: "Bueno, mi Dios es un Dios de amor". Esto representa una mala interpretación de los atributos de Dios y no sólo demuestra el aislamiento de un atributo con respecto del otro, sino que abre una brecha injustificada entre uno de los atributos de Dios, la santidad, y otro, su amor. Este mismo problema se encuentra cuando alguien enfrenta el Antiguo Testamento contra el Nuevo Testamento, como si dos dioses diferentes se revelan en los dos testamentos. Este tipo de persona demuestra un profundo desconocimiento del amor y la gracia de Dios en el Antiguo Testamento, así como del juicio y la santidad de Dios en el Nuevo Testamento. La encarnación de Jesucristo y su muerte en la cruz no deben ser vistas como la superación de la santidad de Dios por medio de su amor, sino como la mayor y más perfecta manifestación de ambos.

Conclusión

Estas meditaciones tratarán de explorar cómo se manifiesta la santidad de Dios en el marco más amplio de su auto-revelación como se encuentra en la Biblia y en nuestras vidas. Espero demostrar que la santidad no es simplemente una doctrina que creemos, sino que es fundamental para nuestra relación con Dios y el mundo. La santidad está ligada a la naturaleza misma del corazón misionero de Dios. Veremos que la santidad—junto con todos los otros atributos maravillosos de Dios—siempre informan sobre quién es Él en todos sus tratos con nosotros. De hecho, un estudio de cualquiera de los atributos de Dios nos lleva naturalmente a todo el carácter y la naturaleza de Dios, ya que los atributos se encuentran en un todo integral en su persona. Es mi oración que estas reflexiones sobre la santidad nos conducirán a una relación más profunda con Dios y los unos con los otros, y afecten la forma en que vivimos en el mundo.

DOS

La santa auto-revelación de Dios

La Biblia y la santidad de Dios

Para entender la manera en que la santidad de Dios se revela a nosotros, debemos primero entender algo sobre la naturaleza misma de la Biblia. La Biblia es el registro de la auto-revelación de Dios y de sus propósitos de salvación en el mundo. No debe considerarse principalmente como un libro de reglas sobre cómo debemos vivir nuestra vida cotidiana, a pesar de que encontramos mucha orientación en ella. La Biblia es mucho más profunda que una mera revelación de *cosas que necesitamos saber*. El propósito de la Biblia no es simplemente ayudarnos a entender *cosas* acerca de Dios, sino ayudarnos a conocerlo a *Él* y conocer sus propósitos salvíficos para nosotros. La Biblia es más que una guía o manual de campo para mostrarnos cómo ser salvos, a pesar de que nunca es menos que eso. La Biblia es, en su nivel más profundo, la revelación de Dios mismo. Como cristianos, creemos que la Biblia es sin error en todo lo que se afirma. También creemos que cuando leemos la Biblia, leemos en la presencia del Cristo resucitado y por el poder del Espíritu Santo. Por lo tanto, leemos la Biblia en comunidad—con aquellos que la han leído o escuchado durante siglos antes de que existiéramos y en la continua presencia y poder del Dios trino. Las Escrituras revelan quién es Dios y dónde estamos en relación con Él. Revelan el propósito salvador de Dios para nosotros. La Biblia es la Palabra de Dios para nosotros y para todas las personas. Es una revelación de cómo podemos entrar en la plena comunión, belleza, vida abundante y gozo eterno del Dios trino.

La Biblia, por lo tanto, debe ser vista más como un gran drama con actos múltiples en el cual Dios revela verdades sobre sí mismo y sobre nosotros. Las Escrituras registran los actos personales y redentores de Dios, mediante los cuales Él ofrece un camino para que pasemos de nuestra separación de Él, a una plena reconciliación con Él y participar en la prosperidad que se encuentra sólo en su vida divina. Este capítulo explorará la fuente de nuestra alienación de Dios, la cual ha destrozado su imagen en nosotros y nos separa de ser partícipes plenos de su santo amor.

La santidad y la imagen de Dios

La Biblia comienza revelando la majestad de Dios en la creación del mundo. Debido a que Dios es un Creador perfecto, la creación refleja plenamente sus perfecciones. Esto se ve sobre todo en la creación de hombres y mujeres a su propia imagen. Como portadores de la imagen de Dios, fuimos creados para disfrutar de la plena comunión con él y participar de su santidad y amor. ¿Qué significa decir que hemos sido creados a imagen de Dios? Permítanme decir, para empezar, que no se refiere a ningún parecido físico con Dios porque, Dios, en su esencia, es espíritu (Juan 4:24). La imagen de Dios se refiere a una realidad más profunda, aunque nuestros cuerpos físicos son el diseño perfecto para manifestar la imagen de Dios. Mientras que nuestros cuerpos físicos son una parte importante de la manera en que se expresa la imagen de Dios, la imagen de Dios apunta principalmente a tres realidades.

Lo que significa ser creados a imagen de Dios

En primer lugar, ser creados a imagen de Dios significa que estamos dotados de una responsabilidad moral. Somos capaces de asumir y obedecer los mandamientos de Dios, y somos moralmente responsables de nuestras acciones. En segundo lugar, hemos sido creados para estar en relación con Dios. Esto significa que tenemos la capacidad de conocer a Dios y de comunicarnos con Él y, por tanto, estar en comunión con Él. En tercer lugar, también significa que somos la extensión del dominio y gobierno de Dios en la tierra; representamos a Dios. Somos llamados a ser sus regentes, sus mayordomos, que lo representan ante el resto de la creación. Por lo tanto, cuando la Biblia dice que hemos sido creados a imagen de Dios, se refiere a una capacidad *moral*, una capacidad *relacional* y una capacidad *representativa*. Estas capacidades no se les da a los animales, al menos no en la forma en que se otorgan a los seres humanos. Adán y Eva, por lo tanto, fueron los portadores de la imagen de Dios y estaban perfectamente dotados de la santidad de Dios.

Caídos en pecado

Las Escrituras nos enseñan que Dios creó al hombre y a la mujer a su imagen, y los puso en el Jardín del Edén. Se suponía que debían reflejar los atributos de Dios y extender su gloria en el mundo. Sin embargo, nos encontramos con algo inusual en el Jardín del Edén, que a veces sorprende a quienes leen la Biblia por primera vez. Hay un árbol, conocido como el Árbol del conocimiento del bien y del mal, del que se le ordenó a Adán no comer. ¿Por qué permitiría Dios que el árbol del conocimiento del bien y del mal estuviera presente en el Jardín del Edén? ¿No sería el mundo "más perfecto" si el pecado no fuera posible? ¿Por qué le ordenó Dios a Adán y a Eva que "del árbol del conocimiento del bien y del mal no comerás, porque el día que de él comas, ciertamente morirás" (Génesis 2:17)? Este es un misterio que no entendemos completamente. Sin embargo, como se señala en la última meditación, Dios sólo actúa en perfecciones, por lo que confiamos en que esto era parte del plan perfecto de Dios. Una respuesta es que la presencia de este árbol es solamente un reconocimiento de que el pecado y el mal ya habían entrado en el mundo a través de una rebelión anterior en el orden angelical de Dios. Dios puede estar simplemente reconociendo que la rebelión anterior está presente y que trataría de extenderse a la nueva raza de humanos.

Pero esto plantea una pregunta más profunda: ¿Hubiera sido mejor la creación humana si nos hubieran creado de manera que habría sido imposible para nosotros pecar o rebelarnos contra Dios? Desde cierto punto de vista, parecería asegurarse así, desde el principio, un mundo santo donde se haría sólo la voluntad de Dios. ¡Suena como un mundo perfecto! Pero después de una reflexión más profunda, ¿no seríamos como una raza gigante de robots que simplemente haría lo que Dios quiere que hagamos? Ciertamente Dios pudo habernos hecho para servirle en todos los sentidos, pero, ¿lo *amaríamos*? Aquí es donde el misterio de la santidad y el amor (ambos en sus perfecciones plenas e integradas) de Dios comienza ya a ser visto. El verdadero amor implica opciones. Un gobernante todopoderoso puede hacer que lo obedezcan, pero no puede hacer que lo amen. ¿No son la voluntad humana y el libre albedrío parte integral de la manifestación del amor? Al parecer, Dios recibe su mayor gloria, no sólo a partir de actos de obediencia, sino a través de nuestra *elección* de participar con Él por medio de nuestra libre respuesta a sus iniciativas de gracia. Aunque es un misterio que nunca podremos comprender plenamente, parece que la posibilidad de rechazo tenía que estar presente para que la posibilidad del amor se convirtiera en parte de nuestra relación con Dios.

La relación entre el libre albedrío y el amor

La capacidad de elegir es importante y vital si queremos tener una doctrina de la santidad positiva y no tan sólo inocencia. En otras palabras, la santidad debe ser confirmada por opciones reales que tomamos y que nos llevan a una relación plena con Dios. Una máquina puede trabajar perfectamente, pero no puede nunca ser santa, porque eso implica capacidades que las máquinas no tienen. No se puede tener una relación con una máquina. ¡Por mucho que usted pueda amar su computadora, su GPS o su iPhone, hay límites reales a su capacidad de relacionarse con una máquina! La capacidad de elección está integralmente relacionada con el amor y por eso es que el amor funciona al más alto nivel de relaciones.

En el Jardín del Edén, Adán y Eva fueron creados en santidad, pero esa santidad no habría ido más allá de mera inocencia positiva, si no hubiera existido la posibilidad de ser confirmada a través de un acto positivo de obediencia que los atrajera, por medio de su propia voluntad, al círculo completo de la vida divina. Pero, esto también significó que la posibilidad de rechazo estaba allí. Podemos optar por seguir nuestro propio camino y vivir nuestras vidas separados de Dios. Dios no es el autor del mal. Sin embargo, Él permitió la posibilidad de que existiera la capacidad humana para elegir, para otorgar la posibilidad mayor de tener una verdadera relación con Él. Esto significa que la historia de la obra de Dios con la raza humana es larga y ardua. Implicaría, en última instancia, que el Padre enviara a su Hijo al mundo para morir y enviara a su Espíritu a morar en nosotros. Todo esto está integralmente relacionado con nuestra necesidad de que le conozcamos en su plenitud.

En el Jardín, a los primeros seres humanos se les ofreció la opción de obedecer o desobedecer a Dios. El fruto del árbol del conocimiento del bien y del mal fue como un sacramento en sentido inverso—un anti-sacramento. En lugar de ser un medio de gracia para conocer a Dios, como vemos en el sacramento de la comunión cristiana posterior, este fruto fue como un medio de rebelión que nos sedujo a unirnos a la rebelión contra Dios. Precisamente porque Dios dijo: "No comerás de ese fruto", es que éste se convirtió en el punto focal de una posible rebelión contra Dios. A menudo definimos *sacramento* como un señal externa y visible de una gracia interna y espiritual. Sin embargo, en el Jardín nos encontramos con un *anti-sacramento*, que es un señal externa y visible de una rebelión interna y espiritual. Así que Satanás le ofreció a Eva el anti-sacramento. Eva comió y dio también a Adán, el cual comió—entrando ambos en la comunión de la rebelión.

El pecado entró en la raza humana, rompiendo con ello la expresión completa de la imagen de Dios en los hombres y las mujeres. Es como un virus en un sistema informático que se propaga a toda la red. Al comer la fruta, Adán no estaba simplemente actuando por su cuenta, sino que actuaba como un representante. Actuó en nombre de todo el género humano. Cuando Adán comió, todos fuimos llevados a esa rebelión. Se desató una inercia física y espiritual de muerte. Esta fue la ruptura de la relación con Dios, separándonos, de este modo, de la santidad de Dios.

En los albores de la creación, Satanás logró una importante victoria sobre la raza humana. Fue una victoria que causaría un gran dolor y sufrimiento, y llevaría a muchos a la muerte eterna. Pero, gracias a Dios, ¡el Señor Dios Todopoderoso siempre tiene la última palabra! Lo que sucedió debido a aquel primer acto de desobediencia en el primer jardín, el Edén, sería un día revertido a través de un acto de obediencia en el segundo jardín, el huerto de Getsemaní. Sin embargo, otras historias deben ser contadas para prepararnos para esto. Debemos detenernos en este punto y reconocer que Dios es santo y que nosotros no lo somos. Estamos fuera de su comunión y vivimos en quebrantamiento. La caída es, en su raíz, la demolición y ruina de nuestra relación con Dios y, por lo tanto, de nuestra capacidad para reflejar la santidad de Dios. La obra de la redención es la restauración de esa relación y, en última instancia, la reconstitución de la santidad en nuestras vidas.

TRES

Dios llama a su pueblo a ser santo

Una de las preguntas que las personas suelen hacer es, ¿por qué Dios eligió al pueblo judío? Hay miles de grupos de personas en el mundo, ¿por qué escogió Dios a los Judíos? Tal vez usted recuerde famosa frase de William Ewer: "Qué extraño que Dios eligiera a los Judíos". Podría haber a elegido los egipcios o los hititas o los incas. Las Escrituras dicen que Dios escogió a Israel no porque eran más numerosos o más poderosos que cualquier otra nación, sino simplemente porque quería mostrarles su amor (Deuteronomio 7:7-8). A veces la gente piensa equivocadamente que al elegir a Israel, Dios estaba excluyendo a otras naciones y mostrándoles algún tipo de favoritismo en comparación con otros pueblos. Sin embargo, desde el principio, cuando Dios llamó a Abraham e hizo un pacto con Israel, dejó claro que estaba bendiciendo a los descendientes de Abraham (Israel) *para que* pudieran ser una bendición para todas las naciones de la tierra. Génesis 12 registra el pacto que Dios hizo con Abraham. Dijo: "Haré de ti una nación grande, y te bendeciré; haré famoso tu nombre, y serás una bendición. Bendeciré a los que te bendigan, y maldeciré a los que te maldigan; *¡por medio de ti serán bendecidas todas las familias de la tierra!*" (vv. 2–3, énfasis añadido).

Dios escogió a Israel como el instrumento a través del cual Él restauraría su imagen en la humanidad y traería bendición al mundo entero. Cuando Dios más tarde repitió el pacto con Abraham, dijo que sería a través de su simiente que serían bendecidas todas las naciones (Génesis 22:18). Esa simiente era un primer indicio de que Dios enviaría a la tierra a su único Hijo, Jesús, quien era la simiente, o descendencia, de la nación judía. En el Nuevo Testamento, el apóstol Pablo lo dejó claro cuando dijo: "La Escritura no dice: 'y a los descendientes', como refiriéndose a muchos, sino: 'y a tu descendencia', dando a entender uno solo, que es Cristo" (Gálatas 3:16).

Desde el principio, Dios tenía un plan para enviar a su Hijo al mundo para restablecer su presencia en el mundo. El pecado es, en su raíz, la ausencia de Dios. Santidad es, en su raíz, la presencia de Dios. No habría una mayor invasión de la santidad de Dios en el mundo, que aquella al enviar a Su Hijo, Jesucristo, al mundo. Él, por lo tanto, establecería un solo pueblo, Israel, y los llamaría a la santidad, a fin de demostrar ante el mundo lo que significaba ser un pueblo traído de regreso a una relación con Él. Esto iba a preparar al mundo para la venida de Cristo. Israel también iba a preparar al mundo para el día en que fuéramos llamados a "hacer discípulos de las naciones" y, con ello, restablecer la santidad de Dios en todas las naciones del mundo. Pero el primer paso en este gran drama sería comenzar con una nación y revelar la santidad de Dios a ellos.

El pacto de Dios con Abraham

El pacto de Dios con Abraham, que se encuentra en Génesis (12:1-3; 17:5-6; 18:18-19; 22:17-18), contiene tres partes bien diferenciadas. En primer lugar, Dios bendeciría a Abraham numéricamente al darle muchos descendientes. En segundo lugar, les daría a los israelitas una tierra (por eso se le llama la "tierra prometida"). En tercer lugar, los usaría para bendecir a todas las naciones de la tierra. La palabra *naciones* no significa aquí los países en términos políticos como los conocemos hoy en día, sino todos y cada uno de los grupos étnicos en el mundo, que se cuentan por miles.

Los descendientes de Abraham se multiplicaron y, eventualmente, se reubicaron en Egipto, donde fueron esclavizados durante cuatrocientos años por los faraones egipcios. En el momento adecuado, Dios se le apareció a Moisés en una zarza ardiente y le dijo que estaba en suelo santo. La presencia de Dios era santa y Moisés estaba siendo llamado a dirigir a los israelitas a un nuevo nivel de su relación con Dios. Fueron conducidos fuera de Egipto y se les dio la Ley.

La Ley de Dios

La Ley no era más que un pacto entre Dios y los israelitas que los establecía como un pueblo santo. Se les dio 613 leyes distintivas que los diferencian de las naciones. Algunos de los mandamientos tienen perfecto sentido para nosotros, como: "No engañen a su prójimo", o "no retengas el salario de tu jornalero hasta el día siguiente", o "no maldigas al sordo, ni le pongas tropiezos al ciego". Otros mandamientos nos parecen muy extraños, como: "No planten en su campo dos clases distintas de semilla" (Levítico 19:19), o "no te vistas con ropa de lana mezclada con lino" (Deuteronomio 22:11). Antes de que desestimemos de plano estos extraños mandamientos, como a veces sucede hoy en día, debemos recordar varias cosas importantes.

El propósito de la Ley

En primer lugar, el propósito de la ley era crear y formar un pueblo que fuera distintivo y separado (santo) de las naciones vecinas. Era común entre los cananeos (un país vecino) la práctica de lo que se conocía como "magia simpática". Esta es la idea de "casar", en el caso de las semillas, dos tipos de semillas para producir "descendencia". Era la idea de una religión falsa que, en su núcleo, negaba que Dios es la fuente de toda vida y de la fecundidad. Por lo tanto, los mandamientos que nos pueden parecer extraños, eran en realidad mandamientos profundamente contextuales, que eran específicos para Israel con el fin de establecerlo como santo.

Su pacto no es nuestro pacto

En segundo lugar, como cristianos debemos recordar que estamos bajo un pacto diferente al pacto bajo el cual estaban los Judíos. Toda la Biblia es la Palabra de Dios *para* nosotros, pero no toda palabra de Dios está dirigida *a* nosotros. El antiguo pacto, o Antiguo Testamento, era el pacto *de ellos*; no es *nuestro* pacto. Toda la Escritura es completamente inspirada y totalmente útil para enseñarnos acerca de Dios, pero no todo en ella es mandamiento directo de Dios para nosotros, que ahora estamos bajo un pacto diferente.

Permítanme usar una analogía para ayudarnos a entender la relación entre los dos pactos. Si alguien trabaja para General Motors, él o ella se encuentra bajo un contrato que establece las estipulaciones de empleo, las obligaciones del empleador y los privilegios y responsabilidades de los empleados, siempre y cuando esa persona trabaje para General Motors. Sin embargo, cuando se ofrece un nuevo contrato, el antiguo contrato es nulo, y los trabajadores son puestos bajo el nuevo contrato. Todos somos conscientes de esto. Si se comparan los dos contratos, habrá, por supuesto, muchas cosas que son ciertas en ambos contratos. Hay ciertas obligaciones que continúan en el nuevo contrato, pero sólo son vinculantes para un empleado si las nuevas disposiciones son traídos expresamente para formar parte del nuevo contrato. Esta es una analogía imprecisa, pero espero que le ayudará a entender el punto principal. Es por esto que el escritor de Hebreos dijo: "Al llamar 'nuevo' a ese pacto, ha declarado obsoleto al anterior" (Hebreos 8:13). En algunos casos, hay leyes del Antiguo Testamento que no continúan vigentes (como plantar su campo con dos clases de semilla). En otros casos, hay mandamientos que continúan directamente, como el mandamiento de no robar (compare Éxodo 20:15 con Marcos 10:19, Romanos 2:21, y Efesios 4:28). El punto es que hay muchos mandamientos en el Antiguo Testamento que nosotros también estamos llamados a obedecer ya que se encuentran también en nuestro pacto. Hoy en día es común escuchar a personas que socaban los mandamientos de la Escritura en el Nuevo Testamento, citando mandamientos en el Antiguo Testamento que ya no son vinculantes para nosotros hoy. Esto demuestra un profundo desconocimiento de la naturaleza de los dos pactos.

¿Es el Antiguo Testamento "difícil" y el Nuevo Testamento "fácil"?

A veces se cree erróneamente que el Antiguo Testamento está lleno de mandamientos difíciles y que las cosas son mucho más fáciles bajo el Nuevo Testamento o el nuevo pacto. Sin embargo, algunos de los mandamientos más antiguos son profundizados, en realidad, desde los actos externos, hasta las intenciones más profundas del corazón. Por ejemplo, el Antiguo Testamento llama al pueblo de Dios a amar a sus prójimos. Jesús nos llama a amar también a nuestros enemigos (Mateo 5:44). El Antiguo Testamento prohibió al pueblo de Dios cometer adulterio (Éxodo 20:14). Ese mandamiento se mantiene vigente en Lucas 18:20, pero se nos dice, además, que es pecado siquiera mirar a una mujer con lujuria en nuestros corazones (Mateo 5:28). La razón por la que Jesús dice que su "yugo es fácil y [su] carga es liviana" (Mateo 11:30) no se debe a que las exigencias del Nuevo Testamento son menores que las del Antiguo Testamento. Más bien, se debe a que bajo el nuevo pacto, ahora vivimos, en la presencia del Cristo resucitado y por el poder del Espíritu Santo, las demandas morales de Dios que son aún más profundas. Hay una línea de un poema de John Bunyan que capta maravillosamente esto:

> A correr y caminar exige la ley,
> Pero no nos da ni manos ni pies;
> Mejores noticias el evangelio da,
> ¡Nos invita a volar y alas nos da!

La Ley como un tutor que nos lleva a Cristo

El punto principal aquí es ver que, a pesar de que no estamos bajo la autoridad del antiguo pacto, los 613 mandamientos eran específicos para la formación de Israel como una nación separada y santa. Decir que Dios nunca pudo haber dado estos mandatos, ya sea porque no los entendemos o porque no se renuevan en nuestro pacto, es enfrentar el Dios del Antiguo Testamento contra el Dios del Nuevo Testamento. Esta es una antigua herejía que fue enseñada notablemente por un cristiano primitivo conocido como Marción, que vivió en el siglo II. Él enseñó que el Dios del Antiguo Testamento era un Dios iracundo, vengativo, que era un ser separado e inferior del Dios del Nuevo Testamento, que es el que todo lo perdona y está lleno de gracia. La iglesia rechazó con razón este punto de vista considerándolo una herejía. Interesantemente, se declaró herejía porque no pudo ver la misericordia y la gracia de Dios en el Antiguo Testamento, y debido a que Marción ignoró los principales pasajes en el Nuevo Testamento que revelan la ira y el juicio de Dios. Es importante ver que toda la Biblia nos revela la naturaleza completa de Dios. Es un error enfrentar a un versículo en contra de otro. En cambio, debemos ver la Biblia como un diamante multifacético con muchas dimensiones y que sólo al verla de manera unificada es que se revela la belleza y gloria plena.

A veces la Ley nos puede parecer dura, pero Dios sabía que era el tutor necesario para enseñarnos lo que necesitábamos saber acerca de su oposición al pecado y las medidas necesarias que se requieren para forjar un pueblo separado para sí en santidad. Nuestra tendencia a malinterpretar muchas cosas en el Antiguo Testamento se debe a que, como se señaló en el primer capítulo, tendemos a aislar ciertos atributos de Dios de los demás y utilizarlos de manera injustificada, en vez de mantenerlos todos juntos de manera que tengamos una imagen completa de quién es Dios. A pesar de que ya no estamos bajo la ley, Pablo dice que la ley es buena y santa (Romanos 7:12). No fue suficiente para salvarnos, pero fue crucial para señalarnos el camino de la santidad, que nos llevaría a Cristo (Gálatas 3:24–25).

CUATRO

El juicio y la santidad de Dios

En el capítulo anterior vimos que el propósito de la ley era crear un pueblo santo. Esto significa mucho más que personas simplemente haciendo cosas buenas. Se trata en definitiva de la plena manifestación de la presencia de Dios con su pueblo. Esta es la razón por la que, en esencia, el pecado es elegir la ausencia de Dios. Por el contrario, la santidad, en su fundamento, es la señal y el sello de la presencia de Dios en el mundo. Sin embargo, malinterpretamos el alcance completo de la presencia de Dios en el mundo, si no tenemos una comprensión adecuada del juicio de Dios. De hecho, estas meditaciones sobre la santidad están reedificando varias áreas del testimonio de la iglesia que se han perdido en la época contemporánea. Uno de los ejemplos más evidentes ha sido la pérdida de una comprensión adecuada del juicio de Dios. Este malentendido, a su vez, ha dado lugar a problemas en cuanto a tener una doctrina adecuada de la santidad. Debido a que la santidad de Dios es la base de todos los juicios de Dios y debido a que, para muchos en el mundo moderno, esto parece estar en conflicto con su comprensión de la gracia, el perdón y la misericordia de Dios, tendremos que explorar lo que la Escritura enseña acerca del juicio de Dios y aclarar una serie de cosas que son ampliamente malinterpretadas hoy.

Cuando Dios juzga al mundo, lo hace en sujeción a su norma de justicia. Debido a que Dios es perfectamente justo, Él no nos juzga, como hacemos nosotros a menudo, utilizando una curva de calificación. En otras palabras, Dios no nos mide para determinar si somos principalmente justos o si somos principalmente malvados y compensar la diferencia con una dosis de gracia. Esto es, una vez más, una mala interpretación de los atributos de Dios que enfrenta a unos con otros o los mantiene en una especie de tensión injustificada. Ni siquiera es cierto decir que los atributos de Dios se equilibran mutuamente. Eso es imponer una comprensión humana sobre Dios.

Cuando la Escritura declara que Dios es justo, significa que Él es perfectamente justo, o infinitamente justo. Esto significa que incluso el más pequeño pecado no puede quedar sin respuesta en la presencia de Dios. De hecho, el Nuevo Testamento enseña que "porque el que cumple con toda la ley pero falla en un solo punto ya es culpable de haberla quebrantado toda" (Santiago 2:10). ¿Por qué nos enseña esto el Nuevo Testamento? Parece tan contrario a nuestra forma de pensar. Santiago explica la razón en el siguiente versículo: "Dios dijo: 'No cometas adulterio', y también dijo: 'No mates'". El punto es que cuando desobedecemos los mandamientos de Dios, no es simplemente el rechazo de un punto particular en el código legal. Más bien, es ponernos en contra de Dios mismo. Es oponernos a su gobierno y reino justos en nuestras vidas y en el mundo. El Nuevo Testamento entiende el pecado como oposición a Dios y rebelión contra lo que él es, no tan sólo como quebrantamiento de normas y reglamentos. Esto es fundamental para nuestra comprensión de la santidad. La santidad no es simplemente obedecer leyes o reglas mejor que otras personas. La santidad tiene que ver con toda nuestra relación con Dios y la forma en que encarnamos su imagen personalmente y ante el mundo.

El juicio de Dios es convocado cada vez que Dios presenta su norma infinita de justicia y santidad contra el mundo. El pecado debe ser juzgado. Romanos enseña que "la paga del pecado es muerte" (Romanos 6:23). Para decirlo de otra manera, Dios mira el mundo y ve a todos los poderes destructivos del mal desatados en el mundo, y Él está decidido a ponerlos a derecho y restaurar su creación a su diseño original de gloria y santidad. Las Escrituras están llenas de ejemplos del juicio de Dios siendo extendido en el mundo.

Algunos ejemplos representativos de Juicio en la Biblia

A veces leemos ejemplos del juicio de Dios en la Biblia que son bastante impresionantes. Permítanme enumerar algunos:

1. Los hijos de Aarón, Nadab y Abiú, fueron consumidos por el fuego de la presencia de Dios porque llevaron al Lugar Santísimo fuego que no tenían por qué ofrecer (Levítico 10:1–3).

2. Un hombre fue apedreado hasta la muerte por recoger leña en el día de reposo (Números 15:32–36).

3. Los que se unieron a la rebelión de Coré contra Moisés fueron tragados vivos por la tierra (Números 16:31–34).

4. Ananías y Safira cayeron muertos por Dios por conspirar juntos para mentir sobre el regalo de su propiedad para la iglesia (Hechos 5:1–11).

5. Herodes fue derribado por Dios por no darle la gloria (Hechos 12:20–23).

6. Un hombre en la iglesia fue sorprendido teniendo relaciones sexuales con la esposa de su padre. El apóstol Pablo entregó el hombre "a Satanás para destrucción de su naturaleza pecaminosa a fin de que su espíritu sea salvo en el día del Señor" (1 Corintios 5:1–5).

7. En el Día del Juicio final, cualquier persona cuyo nombre no se encuentra en el Libro de la Vida es echada en un lago de fuego (Apocalipsis 20:11–15).

8. Todos tenemos que comparecer ante el tribunal de Cristo (2 Corintios 5:10).

Podría citar muchos ejemplos más, pero he elegido algunos de los más memorables de manera que podamos enfrentar directamente el desafío de textos como estos. Vamos a examinar estos textos en tres temas: primero, la rectitud del juicio de Dios; segundo, el momento del juicio de Dios; y finalmente, la proporcionalidad del juicio de Dios.

La rectitud del juicio de Dios

La autoridad y el derecho de Dios para juzgarnos tiene sus raíces en la doctrina de la creación. Las Escrituras enseñan que Dios es el Creador del mundo: "Del Señor es la tierra y todo cuanto hay en ella, el mundo y cuantos lo habitan" (Salmo 24:1). Puesto que Él nos creó, le pertenecemos y somos responsables ante Él. No somos autónomos sin ninguna responsabilidad. Una fuerte doctrina de la creación se ha ido erosionando en los círculos cristianos de las últimas décadas. Ya establecimos en el capítulo 2, que es fundamental para nuestra comprensión de la imagen de Dios, el hecho de que nos han sido dadas capacidades morales. Positivamente, esto nos otorga capacidades notables para el trabajo justo y de sacrificio en el mundo. Pero también significa que somos responsables ante Dios y que Él ejerce el derecho a juzgarnos. Las Escrituras enseñan que "la paga del pecado es muerte" (Romanos 6:23). Por lo tanto, debido a que todos hemos pecado, somos dignos del juicio de Dios y vivimos sólo por la extensión de su gracia y misericordia. La lista citada anteriormente señala tres ejemplos del Antiguo Testamento y cinco del Nuevo Testamento que ponen en claro que esta es una enseñanza constante a través de las Escrituras. El juicio recto de Dios se enseña en los antiguos credos ecuménicos (Credo de los Apóstoles y el Credo Niceno) de la iglesia. De hecho, hay cientos de versículos en la Biblia que sustentan esta doctrina. Por otra parte, los Salmos afirman con regularidad que, el hecho de que Dios juzgará al mundo y su gente, es un asunto de gran gozo, porque al hacerlo finalmente pondrá todas las cosas en orden.

El momento del juicio de Dios

Las dudas burlonas del mundo sobre el juicio final de Dios son tan antiguas como Noé. Sin embargo, un desarrollo más reciente de esa actitud, es que los líderes de la iglesia afirman ahora que ciertos juicios registrados en la Biblia no son coherentes con lo que sabemos de la naturaleza de Dios. Los textos que citan normalmente son ejemplos de actos inmediatos de juicio por parte de Dios en la historia. Un rápido vistazo a la lista de los ejemplos dados anteriormente demostrará que algunos de los juicios de Dios son inmediatos y algunos se demoran. Por ejemplo, algunos actos de juicio inmediato se dieron después de la desobediencia, como el hombre atrapado recogiendo leña en el día de reposo, o Nadab y Abiú después de que ofrecieran fuego extraño delante de Jehová, o Herodes en el momento en que recibió elogios de que él era como Dios. Otros juicios, como los registrados en Apocalipsis 20 o 2 Corintios 5:10, se producen después del fin de toda la historia humana y, por lo tanto, representan una demora hasta después de que hayamos muerto.

En este período contemporáneo se ha vuelto común escuchar que incluso hay pastores que se oponen a los actos inmediatos del juicio de Dios. Sin embargo, las Escrituras enseñan que Dios juzga a propósito a algunos inmediatamente y en otras ocasiones opta por demorar su juicio justo hasta el final. ¿Por qué es esto así? Se debe a que al traer algunos juicios hasta el presente y demorar otros juicios al final, sirve a los propósitos de Dios. Al realizar algunos juicios, Dios es capaz de demostrar de una manera vívida, las consecuencias del pecado, que no podrían ser tomadas en serio si nunca habríamos visto el resultado de la rebelión contra Dios. Cuando Pablo miró en retrospectiva el Antiguo Testamento, recordó no sólo grandes actos redentores de Dios, como conducir a Israel a través del Mar Rojo sobre tierra seca, sino que también los juicios de Dios contra Israel. Incluso citó en particular el tiempo cuando veintitrés mil personas murieron a causa de que los israelitas habían participado en inmoralidad sexual con las hijas de Moab (ver 1 Corintios 10:8;

Números 25). Sin embargo, Pablo consideró todas aquellas cosas y dijo: "Todo esto sucedió para servirnos de ejemplo, a fin de que no nos apasionemos por lo malo, como lo hicieron ellos" (1 Corintios 10:6). Luego enumeró otros ejemplos de los juicios de Dios y, de nuevo, dijo: "Todo esto sucedió para servir de ejemplo, y quedó escrito para advertencia nuestra" (1 Corintios 10:11). El Nuevo Testamento claramente no trata de distanciarse de los ejemplos del juicio inmediato de Dios que se encuentran en el Antiguo Testamento. Por el contrario, enseña que estos han sido registrados para nuestra propia advertencia e instrucción. En realidad, son un medio de gracia para nosotros, no una vergüenza que tengamos que explicar de alguna manera.

De la misma manera en que el juicio inmediato reaviva nuestro corazón y nos lleva al arrepentimiento, el juicio demorado proporciona el tiempo necesario para la reflexión, el arrepentimiento y la recepción de los medios de gracia. Por lo tanto, ambos momentos de juicio sirven a los propósitos de Dios. No sabemos por qué Dios juzga algunas cosas de inmediato y por qué en otras se demora. Pero sí sabemos (desde el capítulo 1) que Dios es el Juez perfecto y, por lo tanto, la relación entre el juicio ahora y el juicio demorado está perfectamente calibrada para producir el máximo beneficio de la gloria de Dios y de nuestra santidad. Las dos expresiones del juicio de Dios son perfectas en sabiduría, ya que el juicio y la santidad de Dios solamente pueden ser encontradas en su plena perfección.

La proporcionalidad del Juicio de Dios

Por último, es importante recuperar una perspectiva bíblica sobre la proporcionalidad de los juicios que encontramos en las Escrituras. En el Antiguo Testamento, Dios dio el mandamiento de que los israelitas tenían que guardar el día de reposo. Con el fin de santificarlo, recibieron instrucciones de no realizar ningún trabajo en ese día. La primera persona en desobedecer este mandamiento (un hombre atrapado recogiendo leña en el día de reposo) fue traído ante el Señor y se confirmó que debía ser apedreado hasta la muerte. Para algunos lectores modernos esto es un juicio fuera de proporción con el delito. Sin embargo, es importante recordar que este juicio no fue meramente de una ley particular que se quebrantó. Era una señal más profunda de la rebelión del hombre contra el gobierno y reinado justos de Dios. En las Escrituras, rebelarse contra el gobierno y el reinado de Dios es una ofensa capital. Al final, todos los que se rebelaron contra el gobierno y el reinado de Dios en el mundo serán juzgados. La santidad se trata de nuestra respuesta a Dios mismo, no se trata sólo de mantener un código legal. La mayoría de los ejemplos de estos actos inmediatos de juicio se dan luego de momentos claves en la vida del pueblo de Dios: la entrega de la Ley, el nacimiento de la Iglesia en

Pentecostés y así sucesivamente. Por lo tanto, estos juicios son claras advertencias para que tomemos en serio quién es Dios y lo que Él está haciendo en el mundo.

Conclusión

En el clima actual, hay un fuerte deseo de hacer hincapié en los versículos de la Biblia sobre la gracia, la misericordia y el perdón de Dios, y minimizar o ignorar cualquier pasaje relacionado con el juicio y la santidad de Dios. Sin embargo, debemos darnos cuenta de que perder cualquiera de los atributos de Dios, es perder el pleno conocimiento de Dios, lo que, a su vez, sólo se fractura aún más su imagen en nosotros. Como veremos, también disminuye la magnitud de lo que Cristo asumió sobre sí mismo en la cruz.

CINCO

La cruz como la gran transacción de la santidad

La cruz de Jesucristo es la respuesta de Dios al mayor predicamento humano de la historia. La situación, simple y llanamente, es que cada ser humano desde Adán no sólo ha nacido en pecado por medio de la caída original, sino que ha confirmado la rebelión de Adán mediante su propia rebelión contra Dios. La Biblia declara: "No hay un solo justo, ni siquiera uno" (ver Salmos 14:1–3; Romanos 3:10–12). Por lo tanto, todo el género humano nace en pecado, está atado por el pecado y, bajo el justo juicio de Dios, merece la muerte. Este es el dilema: ¿Cómo puede la humanidad ser rescatada de la rebelión y evitar la condena ineludible cuando, sin excepción, todo el mundo es inevitablemente parte de ella? ¿Quién puede liberar a la raza humana?

Debido a que la rebelión de Adán trajo consigo el pecado a toda la raza humana (Romanos 5:12), estamos en una situación imposible. Ningún libertador humano es elegible para salvar a la raza humana, por cuanto todos pecaron. Pero, ¿qué pasaría si un segundo Adán pudiese ser traído al mundo? Y, ¿qué pasaría si en realidad se pudiese volver a crear la situación original, donde se puso a Adán en el jardín, se le diera la opción de obedecer o desobedecer, pero esta vez hiciera las cosas bien? Sería como parar la raza humana, presionar el botón de rebobinado, volver al principio y lograr que se vuelva a hacer la primera escena trágica que llamamos "la caída".

En el Evangelio, podemos entender que Dios lleva a cabo una solución radical, que hace temblar al universo. Ya que la raza humana entera no es elegible para realizar el rescate redentor, Dios sabía que la única solución era si él mismo se convertía en hombre y entraba en la raza humana como un nuevo Adán (o un segundo Adán). En el más asombroso acto de condescendencia y misericordia, Dios se hizo hombre, pero uno no contaminado por todo el pecado humano. Cristo, el Hijo eterno de Dios, nació de ese modo en la raza humana como un segundo Adán. Satanás trató, como lo hizo con el primer Adán, de tentar a Jesús y llevarlo a la rebelión. Jesús pasó cuarenta días en el desierto después de su bautismo, siendo tentado por el maligno. Este fue un período implacable de un asalto total contra Jesús por parte de las fuerzas de la rebelión. Pero a diferencia de Adán, Jesús escogió obedecer a Dios. Él nunca pecó. Tenía la capacidad como el Dios-hombre de pecar o no pecar, porque a pesar de que Jesús era una persona, tenía dos naturalezas: una naturaleza divina y una naturaleza humana. Tenía una voluntad. Como el segundo Adán, Él podría haber optado por desobedecer a Dios. Sin embargo, Jesús escogió obedecer a Dios total y completamente.

El resultado de la encarnación de Dios en Jesucristo es que ahora tenemos dos Adanes. Tenemos dos cabezas de dos razas diferentes: el primer Adán, que es la cabeza de una raza bajo condenación; y un segundo Adán, que es la cabeza de una nueva humanidad redimida. Si confiamos en Cristo, entonces somos hechos partícipes de su obediencia, de la misma manera en que anteriormente habíamos sido hechos partícipes de la rebelión del primer Adán. Primera de Corintios 15:45 dice: "El primer hombre, Adán, fue hecho un ser viviente; el último Adán, un Espíritu que da vida".

La cruz: una satisfacción de la Santidad de Dios y la transferencia de la Santidad ajena a nosotros

Sólo Cristo vivió una vida santa y sin pecado. Por lo tanto, la muerte de Jesús fue ofrecida como una sustitución por nosotros. Jesús cargó con la pena de nuestros pecados en la cruz del Calvario. La cruz es una expresión sorprendente de la gracia y la misericordia de Dios, así como de la santidad y la justicia de Dios, todos expresados simultáneamente en toda su perfección. La santidad y la justicia de Dios exigen que los pecados sean pagados en su totalidad. El pecado no puede ser ignorado o barrido debajo de la alfombra. Tiene que haber satisfacción. El juicio justo de Dios se derramó sobre Jesucristo, quien llevó los pecados del mundo. Sin embargo, ese mismo acto de juicio también fue la mayor expresión del amor de Dios por nosotros. Fue por la gracia y la misericordia de Dios que envió a su único Hijo como sustitución por nosotros. Él pagó la deuda que nosotros debíamos. Las Escrituras nos enseñan que Jesús llevó nuestros pecados en la cruz. A menudo pensamos en la cruz sólo en términos de ser limpios del pecado, pero la cruz no es sólo la satisfacción de nuestra culpa, el miedo y la vergüenza. Es la transferencia de la santidad de Dios a nosotros. En otras palabras, a través de la cruz, no sólo perdemos nuestros pecados, sino que ganamos la justicia de Dios.

Esta es, por supuesto, una justicia ajena. Esto significa que se trata de una justicia que viene como un don de Dios para nosotros. No la hemos ganado. Como veremos más adelante, Dios no está satisfecho con que sólo tengamos una justicia ajena. Sin embargo, este es el principio de la santidad. Debemos entender que la santidad comienza en la cruz de Jesucristo. La santidad comienza al darnos cuenta de nuestra propia incapacidad para ser santos. La santidad comienza al darnos cuenta de que la fuente de toda santidad está en Jesús.

La cruz como retardo del Juicio de Dios y el tiempo del favor de Dios

La encarnación, vida, muerte y resurrección de Jesucristo representan un movimiento dramático de parte de Dios para traer buenas nuevas a un mundo perdido. Este es el tiempo del favor de Dios. Esto significa que Dios está demorando mucho de su justo juicio, de modo que el mayor número posible de personas puedan escuchar el evangelio. Debido a que actualmente nos encontramos en un período de gran retraso en el juicio, le ha dado la impresión a algunas personas de que, o bien el juicio pertenece al Antiguo Testamento, o que el juicio no es realmente una acción apropiada de Dios. Sin embargo, como se demostró en el capítulo anterior, ambas suposiciones son falsas. Ya hemos visto que algunos juicios inmediatos de Dios tienen lugar en el Nuevo Testamento y sabemos, observando la historia de la iglesia, que Dios continua juzgando a las personas y las naciones. También sería desatinado decir que el juicio no es apropiado para Dios ahora que vivimos en este lado de la cruz. Por el contrario, la cruz de Jesucristo es el lugar donde el juicio de Dios es derramado. Por otra parte, los que se niegan a aceptar las buenas nuevas de Dios en Jesucristo, aún tienen que enfrentar el juicio de Dios. Esto se enseña claramente en las Escrituras. En 2 Tesalonicenses el apóstol Pablo habló del juicio de Dios que vendrá en el momento del regreso de Cristo:

> Todo esto prueba que el juicio de Dios es justo, y por tanto él
> los considera dignos de su reino, por el cual están sufriendo.

Dios, que es justo, pagará con sufrimiento a quienes los hacen sufrir a ustedes. Y a ustedes que sufren, les dará descanso, lo mismo que a nosotros. Esto sucederá cuando el Señor Jesús se manifieste desde el cielo entre llamas de fuego, con sus poderosos ángeles, para castigar a los que no conocen a Dios ni obedecen el evangelio de nuestro Señor Jesús. Ellos sufrirán el castigo de la destrucción eterna, lejos de la presencia del Señor y de la majestad de su poder, el día en que venga para ser glorificado por medio de sus santos y admirado por todos los que han creído, entre los cuales están ustedes porque creyeron el testimonio que les dimos. (1:5-10)

Textos como éste rara vez se predican en la iglesia contemporánea. Es por esto que es tan importante que los cristianos se vuelvan lectores diarios de las Escrituras y descubran personalmente los grandes misterios de la fe en ella contenidos.

Ya hemos contado la historia de cómo Dios, por medio de su Hijo, ha restablecido la santidad en el mundo. Sin embargo, esta es una justicia que nos es ajena. Ha sido declarada en cuanto a nosotros, pero aún no se forjado en nosotros. En los siguientes capítulos se mostrará cómo Dios toma la justicia ajena de Cristo y hace que sea una realidad en nuestras vidas. Veremos que esto también sería imposible sin la acción e iniciativa de Dios en nuestras vidas. De hecho, sólo será posible a través de la obra de la tercera persona de la Trinidad, el Espíritu Santo.

SEIS

Pentecostés y el Espíritu de Santidad

Ya hemos visto cómo el hecho de confiar en Cristo nos ha hecho santos, pero esa es una justicia ajena. En otras palabras, es una justicia que pertenece a Cristo, pero que, mediante un acto de la gracia de Dios, se atribuye a nosotros. Sin embargo, para servir eficazmente a Cristo en el mundo, no tenemos que ser simplemente llamados santos; tenemos en realidad que ser santos. Por eso, Jesús le dijo a los apóstoles antes de su ascensión que esperaran en Jerusalén "hasta que sean revestidos del poder de lo alto" (Lucas 24:49). En su ascensión repitió esto, al decir: "Pero cuando venga el Espíritu Santo sobre ustedes, recibirán poder y serán mis testigos tanto en Jerusalén como en toda Judea y Samaria, y hasta los confines de la tierra" (Hechos 1:8). En el día de Pentecostés, los discípulos estaban todos reunidos en un aposento alto. De repente se oyó un ruido de viento y fuego, y todos fueron "llenos del Espíritu Santo" (Hechos 2:4). Este es un evento muy importante en el desarrollo del plan redentor de Dios. Pentecostés es el evento mediante el cual el Espíritu Santo viene en pleno poder, para hacer posible que los cristianos que han sido declarados justos, sean realmente justos. No es que el Día de Pentecostés en sí mismo hace a la iglesia justa, sino que este es el comienzo del ministerio pleno del Espíritu Santo en la vida de la iglesia. En este capítulo se tratará de desplegar algunas de las cosas claves que sucedieron debido al derramamiento del Espíritu Santo en el día de Pentecostés y más allá.

Pentecostés y el derramamiento del Espíritu Santo

En primer lugar, Pentecostés es el día en que Dios muestra claramente que la salvación y la redención son obra del Dios trino. El Padre es la fuente, el iniciador y la meta final de todos los actos redentores de Dios. El Hijo es la personificación de la misión de Dios. La obra de salvación se logra a través de su nacimiento, vida, muerte, resurrección y ascensión. El Espíritu Santo es la presencia poderosa de Dios que nos hace santos.

En segundo lugar, el Espíritu Santo habita ahora entre nosotros. El Espíritu Santo es Dios mismo que actúa en este mundo y en nuestras vidas. Él nos atrae por su gracia al Padre. Él intercede con nosotros y dentro de nosotros, y nos ayuda a orar. El Espíritu Santo nos enseña y advierte cuando leemos las Escrituras. Él nos da el don del discernimiento para que podamos tener la mente de Cristo y consideremos todas las cosas en maneras que sean informadas por la sabiduría de Dios. Él aplica y nutre el fruto del Espíritu en nuestras vidas (amor, gozo, paz, paciencia, bondad, benignidad, mansedumbre, fidelidad y auto-control). El Espíritu Santo nos asegura nuestro perdón y nuestra adopción como hijos de Dios. En pocas palabras, el Espíritu Santo es el mediador de la presencia de Dios en nuestras vidas y en la iglesia.

En tercer lugar, el Espíritu Santo da poder a la iglesia para un servicio, testimonio y misión global eficaces. Jesús prometió que el Espíritu Santo nos daría el poder para ser sus testigos hasta los confines de la tierra (Hechos 1:8). Es el Espíritu Santo el que capacita a la iglesia para servir con sacrificio y ser un testigo eficaz de Cristo y del evangelio. La santidad, como veremos, no se trata sólo de hacernos personalmente justos, ¡sino que se trata de extender la gloria y la justicia de Dios a todos los pueblos del mundo! Hay miles de grupos de personas que todavía no han recibido la buena noticia de Jesucristo. Es el Espíritu Santo el que se asegura de que el evangelio sea proclamado hasta los confines de la tierra a través del testimonio autorizado de la iglesia.

En cuarto lugar, el Espíritu Santo es el que continua manifestando señales redentoras del reino de Dios que irrumpe en el mundo. La buena noticia de la poderosa obra de Dios en este mundo no se detuvo en la cruz y en la resurrección de Jesucristo. Sería demasiado poco pensar que estamos llamados a proclamar simplemente algo que sucedió en la historia hace miles de años. Mientras que la cruz y la resurrección son la proclamación central de la iglesia, también reconocemos que las buenas nuevas del reino de Dios continúan desarrollándose. Todas las futuras realidades del cielo (sanidad, perdón, reconciliación, liberación del mal y así sucesivamente), están irrumpiendo ahora en el mundo a través de la presencia del Espíritu Santo. Hombres y mujeres son sanados por el poder del Espíritu Santo. Experimentan el perdón y la reconciliación entre sí. Los pobres y abatidos reciben esperanza. El Espíritu Santo aplica todas las futuras realidades de la nueva creación a la actualidad. Este proceso no estará totalmente completo hasta que Jesús regrese, pero si miramos a nuestro alrededor, podemos ver que Dios aún está obrando por su Espíritu, reconciliando al mundo consigo mismo.

Quinto, el Espíritu Santo es quien nos hace santos. La presencia del Espíritu Santo, la presencia capacitadora de Dios en nosotros, conduce a la santidad transformacional en nuestras vidas, en la sociedad y en el mundo. Como la presencia capacitadora de Dios, el Espíritu Santo encarna la Nueva Creación, incluyendo pureza de santidad. Esto debería realmente comenzar a expandir nuestra comprensión de las dimensiones plenas de la santidad en nuestras vidas. En el capítulo 4, vimos que la santidad es la señal y el sello de la presencia de Dios en el mundo. Esto significa que tenemos expandir nuestras ideas en relación con lo que significa reintroducir la santidad de Dios en el mundo. Pensamos sobre todo en ello en términos de la santidad personal. Entendemos la presencia de Dios como la erradicación del pecado en nuestras vidas. Este es un aspecto importante de la santidad. Sin embargo, la presencia de Dios también desafía y transforma la sociedad en que vivimos. En otras palabras, la santidad social también es crucial para una comprensión adecuada de la santidad bíblica. La obra transformadora de Dios permea no sólo nuestras vidas individuales, sino que también permea toda la estructura de la cultura y la sociedad. Por otra parte, la santidad no es sólo personal y social; también es misional. Esto significa que la santidad no sólo se trata de ser transformados, o incluso de que nuestra cultura refleje ciertas cosas, sino que la santidad nos hace pensar misionalmente sobre el mundo y cómo podemos reflejar las acciones de Dios en el mundo.

Los tres últimos capítulos de este libro están dedicados a explorar cómo la santidad invade nuestra vida de manera personal, social y misionalmente, hasta los confines de la tierra.

SIETE

La santidad, la entera santificación y el corazón redirigido

El 24 de mayo de 1738, Juan Wesley tuvo su famosa y reconfortante experiencia en Aldersgate. Wesley fue "con desgano" a la reunión de una sociedad cristiana y allí se encontró con la lectura del prólogo de Martín Lutero a la Epístola de Pablo a los Romanos. Escuche las propias palabras de Wesley describiendo lo que sucedió:

> Cerca de las nueve menos cuarto, mientras el lector describía el cambio que obra Dios en el corazón mediante la fe en Cristo, sentí en mi corazón un calor extraño. Sentí que confiaba solamente en Cristo para la salvación; y me fue dada la seguridad de que Él había quitado mis pecados, incluso los míos, y me había salvado de la ley del pecado y la muerte.

Wesley, por la gracia de Dios, escuchó toda la fuerza de Pablo cuando dijo: "De hecho, en el evangelio se revela la justicia que proviene de Dios, la cual es por fe de principio a fin" (Romanos 1:17). Esta es una de esas doctrinas fundamentales que definen la identidad cristiana. La doctrina de la justificación por la fe es una doctrina que todo el mundo realmente necesita escuchar personalmente en un nivel profundo. ¡Tienes que creerla, pero también hay que *experimentarla*! Esto es precisamente lo que le sucedió a Wesley, el 24 de mayo de 1738. Por razones de conveniencia, vamos a llamar a esto la historia del 24 de mayo. Usted necesita tener una historia del 24 de mayo. Puede ser que no le suceda un 24 de mayo—puede ser que ni siquiera recuerde la fecha, pero se necesita una historia del 24 de mayo. Este es su primer gran paso. Este es ese momento en el que le dice al Señor: "Confío en Cristo solamente para mi salvación y me ha sido dada la seguridad de que mis pecados, incluso los míos, son quitados, y he sido librado de la ley del pecado y muerte".

Hay algunas historias que deben ser contadas antes de que otras historias sean posible. Usted debe tener una historia del 24 de mayo, como requisito previo para la obra futura de santificación por parte del Espíritu Santo. Ambas historias son el resultado de la gracia de Dios, pero son dos historias diferentes. Wesley tenía su historia del 24 de mayo, pero también tuvo un encuentro con el Espíritu Santo el 1 de enero.

Fue en la víspera de Año Nuevo de 1739, que Wesley asistió a otra reunión de sociedad. Se dirigió, no a Aldersgate, sino a Fetter Lane. Esa noche en Fetter Lane, Wesley asistió a una reunión de oración que era una vigilia para esperar el Año Nuevo. Mientras oraban, alrededor de las 3:00 de la mañana, algo dramático le sucedió a Wesley. Recibió una experiencia santificadora en la que Dios reorientó su corazón y su vida. Wesley escribió en su diario:

> [En la mañana del lunes, 1 de enero 1739,] El Sr. Hall. . . y mi hermano Carlos, estuvieron presentes en nuestra fiesta de amor en Fetter Lane, con cerca de sesenta de nuestros hermanos. A eso de las tres de la mañana, ya que estábamos constantes en la oración, el poder de Dios se apoderó de nosotros, de modo que muchos clamaron de gran alegría y muchos cayeron al suelo. Tan pronto como nos recuperamos un poco de la admiración y el asombro ante la presencia de su majestad, rompimos con una sola voz, "Te alabamos, oh Dios, te reconocemos como el Señor". (*Works of John Wesley*, 3rd ed., vol. 1 (Grand Rapids: Baker Books, 2007), 170).

Wesley creía en la santificación como doctrina antes de 1739, pero fue aquí cuando él la experimentó. Se convirtió en un nuevo capítulo en su viaje espiritual. Tal vez podemos llamar a esto su historia de Fetter Lane. Hay una historia del 24 de mayo y hay una historia de Fetter Lane, ambas son esenciales en la vida del creyente. La vida de Wesley fue reorientada. Fue santificado. Estaba lleno del Espíritu Santo.

La entera santificación

La doctrina de la entera santificación es una de las doctrinas más incomprendidas en el movimiento metodista. Se entiende mal porque no hemos estado preparados para escucharla. Cuando la mayoría de nosotros escuchamos la palabra *santificación* pensamos en ella como un término legal o forense. En otras palabras, creemos que ser "santificado" significa que usted ha sido divinamente certificado ante el tribunal de justicia de Dios, como alguien sin ningún pecado en su vida y, una vez santificado, nunca más volverá a pecar. Eso no es lo que enseña o entiende Wesley por la santificación. Para Wesley, la santificación no era realmente un término legal en absoluto. Usted podría ser justificado por sí solo en una isla desierta, pero la santificación debe tener lugar en el contexto de una relación. Por lo tanto, el pecado no es sólo los actos que cometemos que quebrantan la ley de Dios; es la expresión de una relación quebrantada. Cada vez que pecamos, en ese mismo momento de elección del pecado, en realidad estamos eligiendo la ausencia de Dios en nuestras vidas en ese punto. Como puede ver, la santificación es siempre relacional. El pecado nos separa de Dios. El pecado es dar nuestro abrazo a la ausencia de Dios en nuestras vidas.

Esta es la gran percepción del movimiento de santidad. El movimiento de santidad nos recuerda que la justicia ajena no es la última palabra de Dios para el creyente. La salvación es algo más que la justificación. La justicia, para Wesley, era algo más que el hecho de que Dios nos mire tan solo a través de un par de anteojos diferentes. La justicia ajena debe convertirse en justicia nativa; la justicia imputada debe convertirse en justicia realizada; la justicia declarada debe convertirse justicia encarnada, forjada en nosotros no por nuestra propia fuerza, sino a través del poder del Dios viviente. Somos marcados, orientados y reorientados por el amor.

Wesley enseñó que somos justificados por la fe y somos santificados por la fe. Somos justificados por la fe en Jesucristo, pero somos santificados por la fe a medida que llegamos a una relación plena con el Dios trino. No es cierto que somos justificados por la acción de Dios y somos santificados por nuestras acciones. No, la justificación y la santificación comienzan con la acción previa de Dios en nuestras vidas que exige nuestra respuesta.

Como término relacional, la entera santificación significa que toda tu vida, tu cuerpo y tu espíritu han sido reorientados. La entera santificación significa que todo tu corazón se ha reorientado hacia la compañía gozosa del Dios trino. La santificación no era, para Wesley, el final de una larga vida de esclavitud al pecado, sino el ser hechos partícipes de la asamblea de los que han encontrado verdadero gozo. Para Wesley, la santidad era la corona de la verdadera felicidad. La santificación es lo que nos limpia de todo lo que "contamina el cuerpo y el espíritu, para completar en el temor de Dios la obra de nuestra santificación" (2 Corintios 7: 1).

El pecado está acampado a nuestro alrededor por todos lados, pero ya no es nuestro aliado. Dejamos atrás los corazones divididos agónicamente, donde siempre vivimos bajo condenación debido a que el pecado siempre está acechando sigilosamente nuestros deseos. Ser santificado es recibir una segunda bendición, un regalo de Dios. Es un don que cambia nuestros corazones, reorienta nuestra relación con el Dios trino y con los demás, y nos da la capacidad de amar a Dios y al prójimo en formas nuevas y profundas. Transforma toda nuestra vida, porque nuestros corazones han sido reorientados. Las personas santificadas aún pecan. Sin embargo, ¡la diferencia es que en la vida de una persona santificada, el pecado se convierte en su enemigo permanente y ya no es su amante secreto!

El lenguaje de la "entera santificación" usa la palabra "entera", en referencia al griego, no al latín. En griego "entero" o "completo" es algo que todavía se puede mejorar. H. C. Morrison, el fundador del Seminario Teológico Asbury, dijo una vez: "No hay un estado de gracia que no pueda ser mejorado". Una vez se le preguntó a J. C. McPheeters, el segundo presidente de Asbury: "¿Cómo te va"? Él alegremente respondió: "estoy mejorando". La santificación es una nueva orientación que ya no mira hacia atrás con nostalgia a la antigua vida, sino que siempre está a la espera de la Nueva Creación. Es una vida que ha sido envuelta por nuevas realidades—realidades eternas—no las realidades de aquello que está desapareciendo.

Wesley también entendió que la santidad no es meramente un término negativo. No sólo se trata de evitar pecados. Si fueras a erradicar todo pecado en tu vida, estarías sólo a medio camino de la santidad. Esto se debe a que, para Wesley, la santidad no sólo se trataba de los pecados que evitamos; ¡se trataba del fruto que producimos! ¡En Wesley, la fe y el fruto se encontraron y se casaron gozosamente! Ya no tenemos una visión de la santidad que es legalista, privada, negativa y estática. No es sólo legal, sino relacional; no es meramente privada, sino integrada en la comunidad; no es negativa, sino que es el avance gozoso de gobierno y reinado de Dios. Cuando Wesley nos llama a ser "perfeccionados en el amor", no está previendo que no tenemos pecado. Wesley, en realidad, nunca utilizó la frase "perfección sin pecado". Más bien, quiso decir que hemos sido orientados hacia el amor de Dios, que se encuentra en plena perfección (como se explica en el capítulo 1). El amor perfecto no significa que hemos subido la escalera de las obras y alcanzamos perfección. Más bien, significa que nos hemos entregado por completo al poder de la gracia de Dios en nuestras vidas. Nunca dejamos de crecer en la gracia de Dios. Es instantáneo en el sentido de que es el don de Dios para nosotros que reorienta nuestros corazones. Es un proceso de por vida.

Una de las mejores metáforas que he oído para el perfecto amor, es una historia contada por el Dr. Robert Coleman, que enseñó en Asbury Seminario durante veintisiete años. Dr. Coleman estaba afuera en el jardín, trabajando, en un día caluroso, con sudor por todo su cuerpo. Su hijo lo vio por la ventana de la casa y decidió que le traería un vaso de agua. El niño fue a la cocina, sacó un taburete y logró llegar hasta el fregadero. Cogió un vaso sucio que allí se encontraba, lo llenó de agua tibia y se lo llevó a su papá. El Dr. Coleman, comentó: "El vaso puede haber estado sucio y el agua caliente, pero fue traído a mí en amor perfecto". Esa es la esencia de la santificación. Cada uno de nosotros estamos dotados de un corazón, un corazón desinteresado que ha sido reorientado hacia el amor.

OCHO

Santidad como la Iglesia que da fruto

Hay pocas rutinas más establecidas en la vida, que aquella de la historia tradicional a la hora de acostarse. Cuando nuestros hijos eran pequeños, era la única manera en que un día podría ser llevado correctamente a su fin. El número de historias que leímos, recordadas de nuestra propia infancia o, francamente, inventadas sobre la marcha durante aquel ritual nocturno sagrado, deben contarse por miles. Fue Eugene Peterson quien, probablemente, mejor capturó la petición infantil que todo padre ha oído tantas veces al poner a sus hijos en la cama por la noche: "Papá, por favor, cuéntame una historia y me pones en ella". Contar historias es una de las actividades humanas más básicas. Todos nuestros recuerdos se construyen en torno a historias. Cuando nos reunimos con nuestros amigos, ¿qué hacemos?

Contamos historias. Intercambiamos pequeñas narraciones entre nosotros. Nos reímos y contamos más historias. La vida no sólo está llena de hechos e información; se trata de una historia en desarrollo. De la misma manera, la Biblia es una gran narrativa. Dios está desarrollando una historia y, como el máximo Narrador, ¡Él nos está poniendo en ella!

La Biblia es el registro fiel de esa gran historia. Nos llama continuamente de regreso a la historia, cuando estamos demasiado a menudo dispuestos a aceptar historias menores y narrativas más pequeñas. Dios empezó a incluirnos en su gran historia cuando nos creó a su imagen, y sopló en nosotros el aliento de vida. (Exploramos esto en el capítulo 2.) Después de la caída, ya que la historia continuó desarrollándose, vimos que el gran tema del restablecimiento de la presencia de Dios, es lo que nos hace el pueblo de Dios. Esta historia es algo más que guardar la ley o ser circuncidados. Esas son marcas cruciales de identidad, pero fundamentalmente se trata de la presencia de Dios. Moisés más tarde dejaría esto en claro cuando dijo al Señor: "O vas con todos nosotros, o mejor no nos hagas salir de aquí. Si no vienes con nosotros, ¿cómo vamos a saber, tu pueblo y yo, que contamos con tu favor? ¿En qué seríamos diferentes de los demás pueblos de la tierra?" (Éxodo 33:15–16). La consecuencia del pecado en la caída registrada en Génesis 3, es la muerte, que es, en su raíz, la pérdida de la presencia de Dios. La raza humana vive en exilio perpetuo de esa Presencia. ¡La presencia perdida—la presencia recuperada—ese es uno de los temas principales de esta historia épica! Como se ha señalado en el capítulo anterior, el pecado es más que los hechos que cometemos, o el quebrantamiento de la ley de Dios. El pecado es fundamentalmente relacional. El pecado consiste en todos aquellos lugares en los que elegimos la ausencia de Dios en nuestras vidas. La santidad, por lo tanto, se refiere fundamentalmente a la presencia de Dios que está siendo restaurada en nuestras vidas, nuestras relaciones y, de hecho, en el mundo.

A medida que damos lectura al Antiguo Testamento, leemos más sobre el desarrollo de la gran historia. A veces pasan cosas que nos parecen bastante inusuales. Se hacen cosas extrañas; se realizan acuerdos con ciertas personas marginadas; se dan promesas; se realizan rituales extraños. Hay una parte muy larga de la historia, que parece continuar indefinidamente, sobre cortinas y una gran cantidad de prendas especiales y muebles especiales, como candelabros, tazones, una mesa y una caja de oro muy elegante con criaturas que parecen feroces en la tapa, todo hecho a mano por estos dos hombres llamados Bezalel y Aholiab. Pero al igual que un rompecabezas de diez mil piezas, poco a poco las piezas de la gran historia comienzan a ser colocadas sobre la mesa y comenzamos a notar algunas cosas. Como el tiempo cuando Dios dijo que esa gran tienda—un templo móvil—que estaban construyendo se llamaba *mishkan*; el español lo traduce como "tienda de reunión" o "tabernáculo", pero la palabra es más rica que eso. Significa "morada". Finalmente, empezamos a ver la razón de todos estos elaborados rituales, las cortinas, las habitaciones exteriores e interiores y un lugar santísimo donde se debía guardar el arca de la alianza. Todo esto se trataba de Dios restableciendo su presencia. Se trataba de la santidad. En Éxodo 25:8 Dios declaró: "Después me harán un santuario [*mishkan*], para que yo habite entre ustedes". ¡Se trata de la restauración de la presencia!

El mismo patrón se repitió años más tarde, cuando las personas se asentaron en la tierra prometida y, bajo Salomón, el templo fue construido de acuerdo con un patrón preciso. Por último, en 1 Reyes 8 leemos el relato del arca del pacto siendo traída al templo y al Lugar Santísimo. Imagínese el arca siendo llevada sobre largas varas por los hijos de Aarón. Tantas ovejas y ganado que iban a ser sacrificados que no se podían contar. Los sacerdotes llevaron el arca al Lugar Santísimo y la pusieron bajo las alas de los querubines. Los sacerdotes ni siquiera pudieron estar pie y ministrar debido a que la presencia de Dios era tan poderosa y manifiesta. ¡Salomón declara en 1 Reyes 8:13 que el templo será un lugar para que el Señor habite para siempre!

El lugar Santísimo permaneció como el puesto de avanzada de Dios en un mundo pecador que sólo conocía la ausencia de Dios. Pero en la plenitud de los tiempos, el

Gran Narrador hizo un movimiento de sorpresa. Entró en la historia misma de su propia creación. Dios vino en carne humana. A esto le llamamos la *encarnación*. Es la invasión final de la presencia de Dios en el mundo. La presencia de Dios ahora mora en su pueblo, la iglesia. "Edificaré mi iglesia", declaró Jesús (Mateo 16:18). La iglesia está destinada por Dios para ser la avanzada de su santidad en el mundo. El Lugar Santísimo original estaba en una ubicación fija en la parte interior del templo en Jerusalén. En la crucifixión de Cristo, la cortina que separaba el Lugar Santísimo del resto del templo se rasgó en dos, de arriba a abajo (Marcos 15:38). El nuevo Lugar Santísimo ahora reside en la iglesia de Jesucristo. ¡Esto significa que deben de haber cientos de miles de Lugares Santísimos dondequiera el pueblo de Dios se reúne para la adoración! Esto es posible debido a que la presencia de Dios se encuentra ahora en el pueblo reunido de Dios. Jesús dijo: "Porque donde dos o tres se reúnen en mi nombre, allí estoy yo en medio de ellos" (Mateo 18:20). Si la iglesia deja de ser santa, entonces, esto equivale a la pérdida de la presencia manifiesta de Jesús en el mundo.

Hoy en día, muchas personas tienen una perspectiva deteriorada y fragmentada de la iglesia. Pensamos en la salvación en términos de una mera transacción personal entre nosotros y Jesús. Pero en el diseño de Dios, la iglesia es mucho más. La iglesia no es sólo el encuentro conjunto de todas las personas que justificadas que deciden reunirse. La iglesia es lo que Dios está edificando en el mundo. Es el nuevo Lugar Santísimo. Jesucristo es el fundamento y Él está edificando su iglesia. No se puede entrar de lleno en la santidad personal, a menos que y hasta que estemos correctamente relacionados con la iglesia, el pueblo de Dios. Es la iglesia la que constituye la lente a través de la cual capturamos la gloriosa obra de Dios y experimentamos la presencia manifiesta de Dios. La iglesia de Jesucristo es el plan de Dios para manifestar Su presencia y demostrar el fruto de su santidad en el mundo. La santidad, como hemos visto, no se trata únicamente de erradicar el pecado de nuestras vidas. Se trata de la manifestación plena de todos los frutos del Espíritu a través de la iglesia de Jesucristo. Nos estamos preparando para ese día en la Nueva Creación, cuando vamos a ver de nuevo el río cósmico con no uno, sino *dos* árboles de la vida, uno a cada lado, dando fruto. En la nueva creación las puertas nunca se cierran. Puertas abiertas significan que ya no estamos viviendo en el miedo. La santidad debe quedar plasmada tanto en lo personal, como colectivamente en la vida y el testimonio de la iglesia. Por eso Jesús dijo: "Porque donde dos o tres se reúnen en mi nombre, allí estoy yo en medio de ellos" (Mateo 18:20). Es en la comunidad de personas llenas del Espíritu de Dios, que la presencia de Jesús está plenamente manifestada en el mundo.

NUEVE

La santidad y la misión de Dios en el mundo

¿Cuándo fue la última vez que leyó la profecía de Joel? Joel vivió en días muy difíciles, cuando Israel iba al exilio. Estaba llamando a *todos* al arrepentimiento. Hice un sondeo de Joel y encontré las siguientes personas a las que estaba llamando al arrepentimiento: ancianos, jóvenes, hombres, mujeres, niños, borrachos, agricultores, siervos, sacerdotes, Judíos, no judíos, la nación bajo el pacto, naciones no bajo el pacto. . . Capturó a toda la raza humana. Como una voz que clama en el desierto, Joel estaba diciendo a la raza humana, "¡Alto! ¡Todos van por el camino equivocado"! Sin embargo, en medio de toda aquella falta de fe y rebelión contra Dios, Joel tuvo una visión. En el mismo momento en que los ejércitos extranjeros estaban invadiendo y capturando al pueblo de Dios y llevándolos al exilio, Joel tuvo una visión de los últimos días: "Después de esto, derramaré mi Espíritu sobre todo el género humano. Los hijos y las hijas de ustedes profetizarán, tendrán sueños los ancianos y visiones los jóvenes. En esos días derramaré mi Espíritu aun sobre los siervos y las siervas" (2:28-29). Joel estaba viviendo en la peor situación posible, sin embargo, tenía una visión del día en que el Espíritu sería derramado.

Vemos un tema similar en Jeremías, quien profetizó al borde del exilio y durante éste. Nabucodonosor y sus hordas de Babilonia habían atacado repetidamente Jerusalén, humillando a Israel. Jeremías fue testigo de las últimas décadas que desmantelaron toda la nación. Los judíos estaban siendo encerrados en cadenas, puestos en carruajes y llevados a Babilonia. Otros huían a Egipto, en desobediencia a Dios, pensando que podrían estar seguros allí. Hacia el final de toda esta humillación nacional, cuando los últimos exiliados estaban siendo encadenados, Jeremías hizo algo que realmente parece una locura. Se compró un pedazo de tierra. ¿No es increíble? Jeremías 32:9 registra que en el momento del exilio, "le compré a mi primo Janamel el campo en Anatot por diecisiete monedas de plata". Luego pasó a profetizar en el versículo 15: "Porque así dice el Señor Todopoderoso, el Dios de Israel: 'De nuevo volverán a comprarse casas, campos y viñedos en esta tierra'". Jeremías compró el campo de Anatot, porque se vio envuelto en una narrativa mayor. Estaba sintonizado en una narración que era aún más fuerte que la marcha ensordecedora de los ejércitos babilónicos. ¡Él podía ver más allá de la invasión de Babilonia y contemplar la victoria final de Dios para el pueblo de Dios! Jeremías, al igual que Joel, levantó los ojos de su corazón y habló de la visión: "Este es el pacto que después de aquel tiempo haré con el pueblo de Israel afirma el Señor: Pondré mi ley en su mente y la escribiré en su corazón Yo seré su Dios y ellos serán mi pueblo. Ya no tendrá nadie que enseñar a su prójimo, ni dirá nadie a su hermano: ¡Conoce al Señor!, porque todos desde el más pequeño hasta el más grande, me conocerán" (Jeremías 31:33–34). Resulta que, el gran profeta llorón, también es un profeta de la esperanza. Vislumbró un día mejor.

Vemos este tema de nuevo al comienzo del Nuevo Testamento con Juan el Bautista, que se encuentra al final de una gran cantidad promesas, muchas de las cuales sin cumplir. Juan declaró: "Yo los bautizo a ustedes con agua. Pero está por llegar uno más poderoso que yo, a quien ni siquiera merezco desatarle la correa de sus sandalias. Él los bautizará con el Espíritu Santo y con fuego" (Lucas 3:16). ¿Cuál es el tema que une a figuras como Joel, Jeremías y Juan el Bautista? Todos ellos apuntan a un momento en que las futuras realidades del gobierno y el reinado de Dios irrumpirán en el mundo actual. Estas promesas no se hicieron realidad finalmente hasta la muerte, resurrección y ascensión de Cristo y la venida del Espíritu Santo. Estos profetas estaban visualizando la obra completa del Dios trino en el mundo. La redención plena del mundo no es obra solamente del Hijo, sino que es, de hecho, la obra del Dios trino. El Padre planea la misión, la inicia y es el gran agente que envía desde patriarcas y profetas, hasta su único Hijo. Jesús, el Hijo de Dios, es la encarnación plena de la nueva creación. Él cumple la Ley, el sacerdocio, el sistema de sacrificios y el Siervo Sufriente. Como el segundo Adán, en la cruz y en su resurrección, ofrece el sacrificio y expiación final, derrotando el poder del pecado y de la muerte. El Espíritu Santo es la presencia poderosa de Dios, que aplica todas las futuras realidades de la nueva creación a las comunidades reunidas de la iglesia.

A través de la venida del Espíritu Santo, la santidad de Dios no simplemente estará escrita en tablas de piedra, como los Diez Mandamientos, sino que estará escrita en nuestros propios corazones. Una vez que la santidad de Dios está escrita en nuestros corazones, ya no es estática, como lo es cuando está en tablas de piedra guardadas en el templo en el Lugar Santísimo. Ahora, la santidad de Dios se desata gloriosamente en el mundo. Se vuelve viralmente móvil.

Santidad misional

Esto es lo que yo llamo la *santidad misional*. Es una santidad que se extiende hasta los confines de la tierra, que abarca todos los pueblos y naciones. Esto es lo que finalmente nos lleva hacia afuera de la larga noche de exilio autoimpuesto y nos conduce a los propósitos plenos de Dios en el mundo. El testimonio del Espíritu que se inicia mediante la confirmación de la fe en nuestra vida personal, se convierte en el poder del Espíritu para producir frutos y para transformar el mundo. Estamos llamados a difundir la santidad bíblica escritural a través del mundo. Esta es la santidad misional: el Espíritu Santo empodera a los creyentes para el testimonio, el servicio, el evangelismo y la plantación de iglesias.

Esta santidad móvil y viral es crucial para una comprensión adecuada de la santidad, que no sólo abarca la purga completa del pecado interior, sino que también ve las implicaciones de la santidad tanto personal como corporativa, tanto individual como sistémica. La santidad móvil declara la libertad para aquellos que están esclavizados por la trata de personas en Bangkok. Anuncia las buenas nuevas a los restantes grupos no alcanzados de personas en la India, a los países de Indonesia e Irak y dondequiera las personas no han oído las buenas nuevas de Jesucristo. La santidad móvil hace brillar la luz de la justicia sobre el trabajo infantil en China y establece la paz en los hogares quebrantados en América. Liberta a los drogadictos en nuestras ciudades. Como podemos ver, ¡la santidad móvil es viral y no hay ninguna parte de la creación que no se declare estar bajo el señorío de Jesucristo! Como cristianos no podemos estar satisfechos con solamente tener una fe privatizada que guarda las buenas nuevas para nosotros mismos. Por el contrario, reclamamos todo el campo. Nos fijamos en la situación más triste en el planeta y declaramos, en fe, ¡que vamos a comprar ese campo! ¡Vamos a comprar el campo de Anatot aun mientras los babilonios estén todavía entrando! ¡Vamos a comprar el campo de la esperanza, incluso cuando los drogas todavía estén reinando! ¡Vamos a comprar el campo de la fe, aun mientras los musulmanes sigan siendo resistentes! ¡Vamos a comprar el campo de la reconciliación, incluso cuando los papeles del divorcio estén sobre la mesa! ¡Porque en todos los aspectos de la vida, no podemos dejar de escuchar los acordes gloriosos de la Nueva Creación! ¡Hemos sido envueltos en una narrativa mayor!

Una perspectiva wesleyana de la santidad no cae en la trampa del exceso de optimismo, que no toma en serio la fuerza de la rebelión tanto personal como corporativa en contra de Dios. Sin embargo, también evita la trampa del exceso de pesimismo, que sólo puede repetir las malas noticias y no puede ver la nueva creación irrumpiendo ya en el mundo de la fe, la vida, la experiencia y el testimonio de la iglesia de Jesucristo. Tenemos una visión del poder de la justicia transformadora en el mundo.

¡Y lo mejor de todo es que vamos a tener un tiempo grandioso haciéndolo! ¡¿Quién necesita el vino cuando tenemos el Espíritu Santo?! Hemos mantenido el rostro serio demasiado tiempo. Vivimos en la luz de la Resurrección. ¡Somos el pueblo del Señor resucitado! Hermanos y hermanas, ser santo significa ser llenos del Espíritu Santo. ¡Permita que el Espíritu Santo rompa las cadenas de su desesperanza! Permita que Él le capacite para recuperar una visión de su Gran Historia.

DIEZ

Pensamientos finales sobre la santidad

Estas meditaciones no han sido la exposición normal sobre la santidad. Más bien, este ha sido un intento de restaurar el marco más amplio a través del cual se hace posible la santidad y mediante el cual se entiende el propósito final de la santidad en el mundo.

La santidad en el mundo contemporáneo

Comenzamos tratando de comprender cómo se unen todos los atributos de Dios en el Dios trino. Hemos señalado una serie de problemas teológicos en la iglesia de hoy que impiden la manifestación de la santidad en la Iglesia. Tenemos que restaurar toda la base de la naturaleza de Dios: su papel como Creador, el propósito de la redención, el carácter integral de sus atributos y así sucesivamente, sólo

71

para tener una conversación adecuada acerca de la santidad. La falta de la catequesis en la iglesia ha dejado a toda una generación de cristianos inseguros acerca de lo que realmente significa encarnar una identidad cristiana distintiva. Nuestras vidas no son a menudo radicalmente diferentes del mundo. Hay innumerables ejemplos en la iglesia contemporánea, donde en realidad estamos acogiendo los pecados del mundo y tratando de santificarlos en la iglesia, en lugar de vivir la realidad completa de lo que significa ser el pueblo elegido y peculiar de Dios.

Santidad: la obra del Dios Trino

También ha quedado claro que hay que recuperar el punto teológico básico de que la salvación es más grande y más extensa de lo que hemos reconocido. La salvación es la obra del Dios trino. Necesitamos ser justificados a través de la obra de Jesucristo y ser santificados a través de la obra del Espíritu Santo, todo de acuerdo con los propósitos y para la gloria de Dios Padre. Usted necesita estar seguro de que ha experimentado un renacimiento espiritual y la obra regeneradora del Espíritu Santo. También necesita una obra distinta de santificación en su vida. La santificación es lo que reorienta su corazón lejos del pecado y hacia Dios. La entera santificación es una doctrina que se ha vuelto casi desconocida entre muchos del "pueblo llamado Metodista". John Wesley escribió en una carta a la señora Crosby en 1761 que tenía "seis en una clase [que habían] recibido la remisión de los pecados y cinco en una banda [que habían] recibió una segunda bendición". Tal comentario sería difícil de encontrar en las clases de catecismo metodistas de hoy.

La fecundidad de la santidad

También hemos aprendido que la santidad es más profunda que simplemente la erradicación del pecado en nuestras vidas. Eso es sólo la mitad de la obra de Dios. La santificación no es sólo acerca de lo que evitamos, sino de lo que producimos: a saber, fecundidad. En la enseñanza de Wesley, la fe y el fruto se encuentran y se casan gozosamente. La iglesia ha estado transmitiendo una visión truncada de la santidad que es forense, privada, negativa y estática. Este punto de vista ha convertido la santidad en una orientación legalista, centrada en sí misma, identificada por lo que "no hacemos". Con este énfasis, la santidad pierde su poder misional. Hemos tratado de demostrar que una doctrina totalmente restaurada de la santidad se centra en la gama completa de la santidad, que es una visión muy poderosa y positiva. Es relacional porque estamos totalmente conectados entre sí en la iglesia, así como al Dios trino. La santidad nunca es inferior a la santidad personal, pero también es totalmente corporativa ya que nos llama a la iglesia y nos incorpora en comunidad. La santidad es una visión positiva de la plena irrupción de la Nueva Creación. No es estática, sino viralmente móvil, trayendo y llevando la presencia de Dios hasta los confines de la tierra.

Santidad para el mundo

Por último, estas reflexiones sobre la santidad revelan una de las grandes verdades sobre cómo los metodistas hacen teología. No estamos tan interesados en puntos especulativos que nos pueden conducir a interminables debates y discusiones que nos distraen de la misión de Dios en el mundo. Somos, en el fondo, un movimiento misional. La santidad debe desbordar a los confines de la tierra. Nos mantenemos fijos en la importancia de ayudar a los hombres y mujeres de todos los rincones de la tierra, para usar la frase de Wesley, "a huir de la ira venidera" (*John Wesley*, Albert C. Outler, ed. (Oxford University Press, 1964), 178). En otras palabras, somos un movimiento acerca de la salvación, en el pleno sentido de la palabra; no sólo la justificación, sino todo el regalo de la salvación desde la justificación a la santificación y hasta la glorificación final cuando vamos a ser como Cristo.

Vamos a vivir eternamente porque final y completamente hemos sido traídos a una relación vibrante con el Dios trino, que encarna eternidad en toda su perfección. Es por esto que parte de nuestra mejor teología no se encuentra libros voluminosos (¡aunque hemos escrito un montón de ellos!), sino en himnos de adoración. La teología poderosa siempre prorrumpe en alabanza y adoración. Por lo tanto, al igual que en mis libros devocionales anteriores, le pedí a mi esposa escribir un himno. Este himno está dedicado al llamado a la santidad y se puede cantar con la melodía de "Beecher" (a menudo utilizado como la melodía de gran himno de Charles Wesley "Love Divine, All Loves Excelling" [Solo excelso, amor divino]), o de la "Oda a la alegría" (familiar a nosotros como la melodía de gran himno de Henry van Dyke "Joyful, Joyful, We Adore Thee" [Jubilosos, te adoramos], que se deriva de la maravillosa melodía escrita por Beethoven en su sinfonía final). Que este acto de adoración sea nuestra oración a Dios para que nos haga santos, como Él es santo.

Haznos santos

(1 Pedro 1:3-2:3)

¡Tu eres Santo—haznos santos! Te queremos reflejar;
Que tu Espíritu en nosotros sea santificador.
No por el esfuerzo humano, sino un cambio interior:
Redirige los afectos, no deseamos más pecar.

Tu eres santo y nuestras vidas brillan con tu santidad,
Líbranos del egoísmo, llénanos de tu amor.
Tu simiente que es eterna nos ha dado libertad;
En la salvación crecemos, alabando al buen Señor.

Tu eres santo y nos llamas a pureza en el vivir;
Siendo tu carácter santo, vida santa recibí.
Obedientes y amorosos, purifica el corazón;
Y sirvamos hoy al mundo con poder y con visión.

Tu eres santo y permite a tu iglesia encarnar,
El amor y la justicia en perfecta santidad.
Deja que tu Iglesia viva como Nueva Creación;
¡Esperando el día santo de la gran consumación!

—Julie Tennent
(Traducción de Oscar Aguilar M.)

www.ingramcontent.com/pod-product-compliance
Ingram Content Group UK Ltd.
Pitfield, Milton Keynes, MK11 3LW, UK
UKHW020709070726
13597UKWH00019B/134